BEI GRIN MACHT SICH IHR WISSEN BEZAHLT

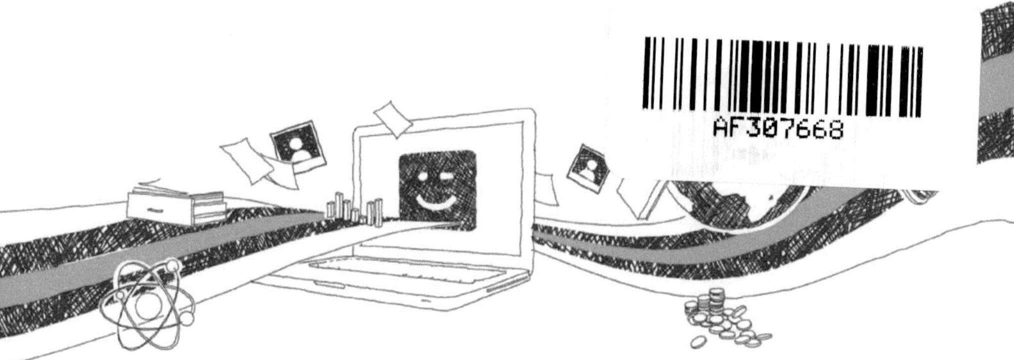

- Wir veröffentlichen Ihre Hausarbeit,
  Bachelor- und Masterarbeit

- Ihr eigenes eBook und Buch -
  weltweit in allen wichtigen Shops

- Verdienen Sie an jedem Verkauf

Jetzt bei www.GRIN.com hochladen
und kostenlos publizieren

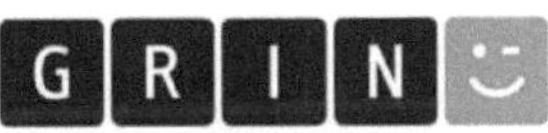

Ernst Probst

Ingrid Bergman - Der Weltstar aus Schweden

GRIN Verlag

Bibliografische Information der Deutschen Nationalbibliothek:

Die Deutsche Bibliothek verzeichnet diese Publikation in der Deutschen National-
bibliografie; detaillierte bibliografische Daten sind im Internet über http://dnb.d-
nb.de/ abrufbar.

Impressum:

Copyright © 2012 GRIN Verlag, Open Publishing GmbH
Druck und Bindung: Books on Demand GmbH, Norderstedt Germany
ISBN: 978-3-656-21278-2

Dieses Buch bei GRIN:

http://www.grin.com/de/e-book/195115/ingrid-bergman-der-weltstar-aus-schweden

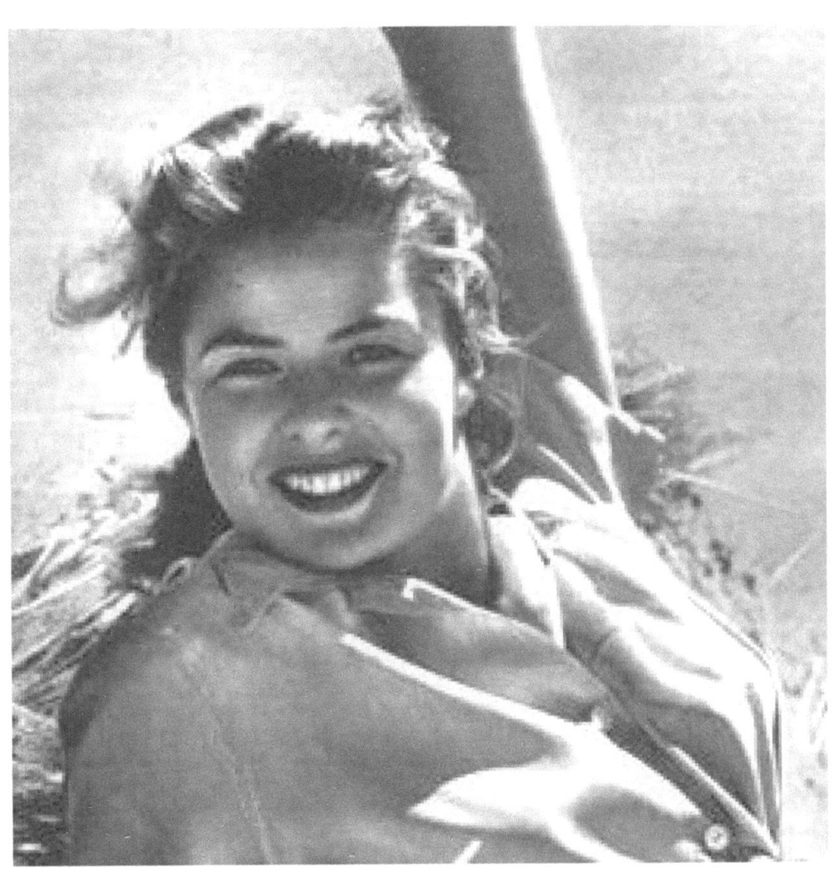

Ingrid Bergman (1915–1982)

Ernst Probst

Ingrid Bergman

Der Weltstar
aus Schweden

Beate Werner,
Bernd Werner,
Marianne Werner,
Otto Werner,
Sonja Werner,
Dr. Jochen Werner,
Christine Werner und
Steffen Werner
gewidmet

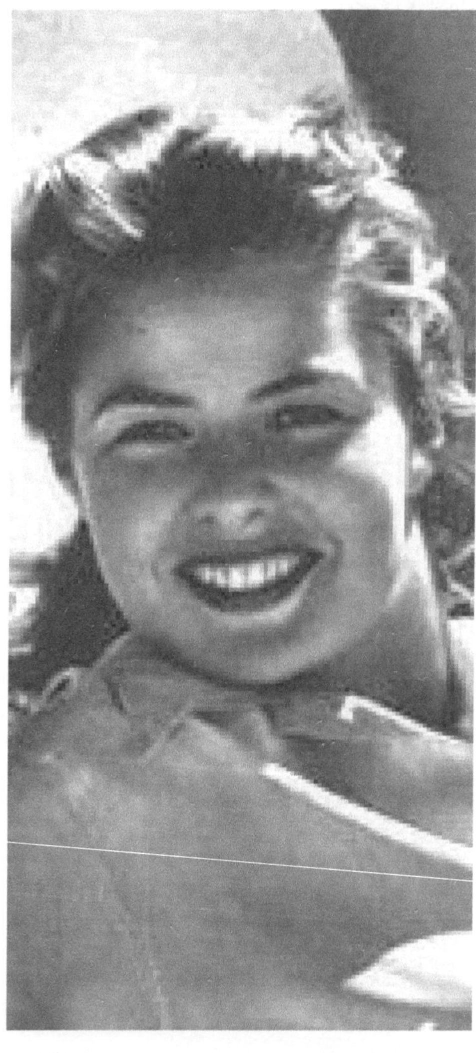

*Ingrid Bergman,
Ausschnitt
aus einem Foto
von 1945*

Ingrid Bergman

Der Weltstar aus Schweden

Ein „Denkmal des Kinos" war die schwedische Schauspielerin Ingrid Bergman (1915–1982). Unvergessen ist vor allem ihr Film „Casablanca" aus dem Jahr 1942. Darin ging es um die Frage, ob die Bergman als Ehefrau ihrem Gatten (gespielt von Paul Henreid, 1908–1992), einem Widerstandskämpfer, treu bleiben oder ob sie mit dem zynischen, ausgebürgerten amerikanischen Cafébesitzer (Humphrey Bogart, 1899–1957) davongehen würde. Das ironische Ende überraschte die meisten Kinozuschauer.

Ingrid Bergman kam am 29. August 1915 als Tochter des schwedischen Fotografen und Malers Justus Samuel Bergman und seiner deutschen Ehefrau Friedel Adler Bergman in der schwedischen Hauptstadt Stockholm zur Welt. Ihre Mutter starb, als sie erst zwei Jahre alt war. Ihr Vater förderte früh ihr schauspielerisches Talent, starb aber bereits, als Ingrid zwölf Jahre alt war. Fortan wuchs die Waise bei einem Onkel auf. Bis zum Alter von 17 Jahren besuchte sie eine private Mädchenschule.

Nach dem Verlassen der Schule beschloss die im Privatleben schüchterne Ingrid Bergman, sie wolle

Schauspielerin werden. Ihr Onkel stand ihrem Berufswunsch nicht im Wege. In dem schwedischen Film „Landskamp" (1932) spielte die 17-jährige Ingrid als in einer Schlange stehendes Mädchen eine schweigsame Nebenrolle.

Von 1933 bis 1934 nahm Ingrid Bergman an der Schauspielschule des „Königlichen Dramatischen Theaters" in Stockholm Unterricht. Bald erkannte sie aber, dass die Theaterbühne nicht das Richtige für sie war. Sie wollte lieber zum Film.

Ihr Debüt auf der Kinoleinwand feierte Ingrid Bergman in dem Film „Munkbrogreven" (1935). Dieser Streifen handelt davon, dass in der Stockholmer Altstadt ein Juweliergeschäft ausgeraubt wird und danach die Jagd auf die Räuber beginnt. In „Munkbrogreven" hatte Ingrid eine Sprechrolle als Elsa Edlund. Die Gage betrug 1.000 schwedische Kronen. Danach sah man sie in den Filmen „Bränningar" (1935), „Swedenhielms" (1935), „Intermezzo" (1936) und „Valborgsmässoafton" („Walpurgisnacht", 1936). Durch den schwedischen Streifen „Intermezzo" unter der Regie von Gustaf Molander (1888–1973) wurde Hollywood auf die Bergman aufmerksam. Für „Intermezzo" bekam sie 20.000 US-Dollar.

Zu Beginn ihrer Karriere, als sie nur schwedische Filme drehte, erhielt Ingrid Bergman am Set den Spitznamen „Betterlater". Dieser fußte darauf, dass sie nach jedem Streifen erklärte, sie würde später noch besser werden.

Am 10. Juli 1937 schloss Ingrid Bergman ihre erste Ehe mit dem Zahnarzt Petter Aron Lindström (1907–2000). Die Beiden gaben sich in der Kirche von Stöde nördlich von Stockholm das Ja-Wort. Stöde war die Heimatstadt des Bräutigams. Aus der ersten Ehe stammt die am 20. September 1938 geborene Tochter Pia.
In Deutschland stand Ingrid Bergman erstmals für den „UFA"-Film „Vier Gesellen" (1938) unter der Regie von Carl Froelich (1875–1953) vor der Kamera. Darin spielte sie eine von vier Frauen, welche die Werbeagentur „Vier Gesellen" betrieben, die anfangs nicht gut lief. Gründerinnen dieser Werbeagentur waren Käte (Sabine Peters), Lotte (Casta Löck), Franziska (Ursula Herking) und Marianne (Ingrid Bergman). Als Marianne von einer Zigarettenfirma einen Werbeauftrag bekam, erfuhr sie, dass deren Chef ihr ehemaliger Lehrer Stefan – dargestellt von Hans Söhnker (1903–1981) – ist. Dieser hatte sie bereits während ihrer Schulzeit heiraten wollen. Weil Marianne glaubte, sie hätte den Auftrag nur wegen der Sympathie von Stefan bekommen, lehnte sie ihn ab. Stefan versuchte, sie erneut für eine Heirat zu gewinnen, aber sie sagte „Nein!". Einige Jahre später, als die Werbefirma der vier Frauen florierte, machte Stefan erneut eine Liebeserklärung.
1939 ging Ingrid Bergman, die in Schweden bereits ein Star war, in die USA. Dort hatte sie in der amerikanischen Fassung des Films „Intermezzo" (1939) unter der Regie von Gregory Ratoff (1897–1960) einen Riesenerfolg.

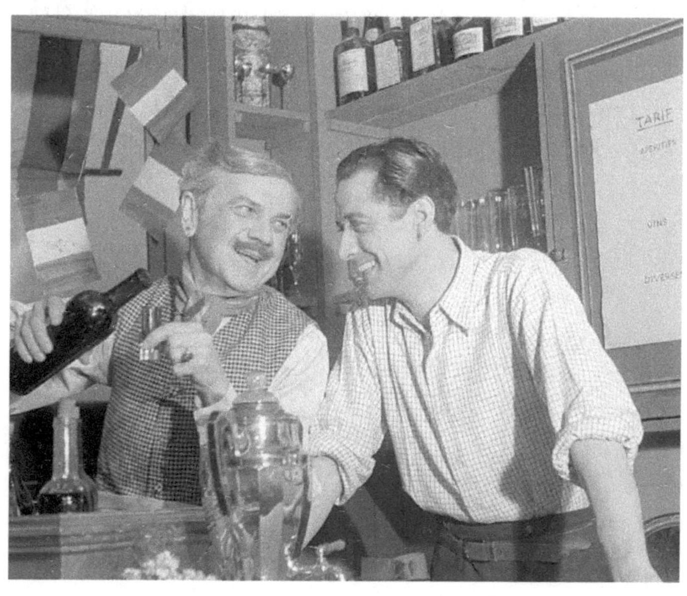

Hans Söhnker (1903–1981), rechts

Damals versuchte man vergeblich, sie zu einem anderen Künstlernamen wie „Ingrid Berriman" oder „Ingrid Lindstrom" zu überreden. 1941 sah man sie in „Rage in Heaven" („Gefährliche Liebe"), „Adam Had Four Sons" („Adam hatte vier Söhne") sowie „Dr. Jekyll and Mr. Hyde" („Arzt und Dämon").

Den Durchbruch zum Weltruhm schaffte Ingrid Bergman in dem Kultfilm „Casablanca" (1942). Als sie die weibliche Hauptrolle hierfür erhielt, war sie 27 und erst seit drei Jahren in Hollywood aktiv. Dagegen galt der damals 43-jährige Humphrey Bogart bereits als Hollywood-Denkmal. Ingrid hatte großen Bammel vor diesem harten Burschen. Um sich an ihn zu gewöhnen, schaute sie sich immer wieder seinen Kriminalfilm „Der Malteser Falke" (1941) an.

Das Drehbuch für „Casablanca" schrieb der Autor Howard Koch (1901–1995). Dieser hatte nach dem Buch „Krieg der Welten" von H. G. Wells (1866–1946) das legendäre Rundfunk-Stück über eine Invasion von Marsmenschen verfasst, mit dessen Sendung 1938 Orson Welles (1915–1985) ganz New York City in Panik versetzte, weil man die packende Handlung irrtümlich für echt hielt. Am erstem Drehtag war weniger als die Hälfte des Scripts für „Casablanca" fertig. Der restliche Handlungsverlauf stand noch nicht fest.

Bald ersann Drehbuchautor Koch in der Nacht, was am nächsten Tag gefilmt wurde. Die Produktionsfirma „Warner Brothers" setzte ihn stark unter Druck, weil

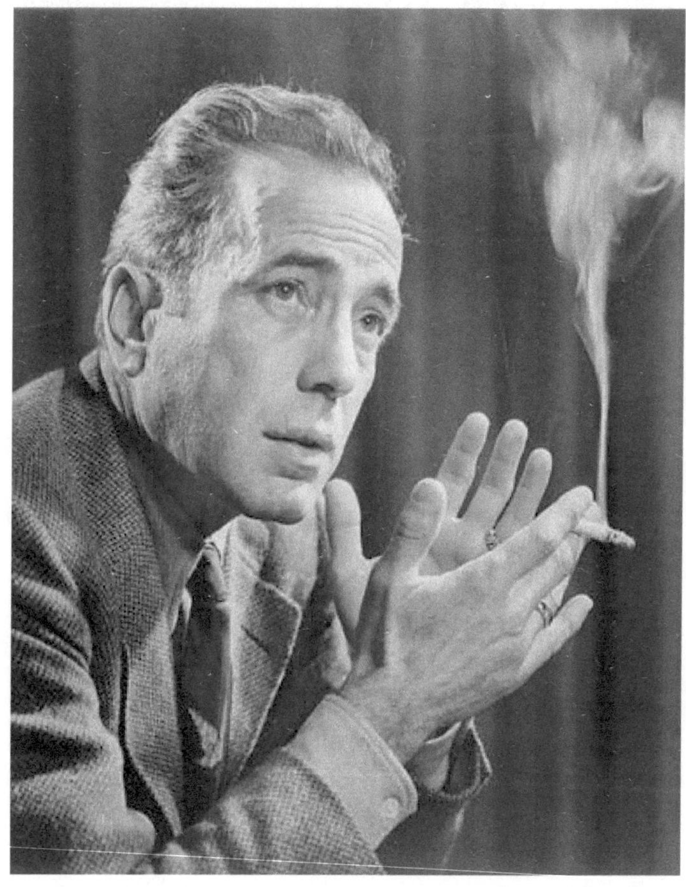

Humphrey Bogart (1899–1957)

jeder zusätzliche Drehtag rund 30.000 US-Dollar kostete. Zwischen dem Bleistift des Drehbuchautors und der Kamera der Filmleute kam es zu einer Art Wettlauf. Ingrid Bergman, die sich im Film zwischen zwei Männern entscheiden musste, fragte wiederholt „Wen liebe ich nun wirklich?" Doch nicht einmal der Regisseur Michael Curtiz (1886–1962) wusste auf die Frage, bei wem die Hauptdarstellerin bleiben würde, eine Anwort. Deshalb erklärte er, er würde zwei Fassungen drehen. Zur Bergman sagte er: „Spiel so zwischendrin". Ursprünglich war Howard Hawks (1896–1977) als Regisseur für „Casablanca" vorgesehen gewesen. Doch vor Drehbeginn tauschte er mit Curtiz und übernahm die Heldensage „Sergeant York" (1941). Der Sergeant Alvin C. York (1887–1964) war im Ersten Weltkrieg der am höchsten ausgezeichnete US-Soldat. Für den „Fließbandarbeiter" Curtiz war „Casablanca" sein 126. Film. Er drehte auf einem Hinterhof des Geländes von „Warner Brothers" mit Casablanca und dem „Café American" als Studio-Attrappen. Damit ein Flugfeld, das im Film vorkam, größer erschien, engagierte der Regisseur erfindungsreich Zwerge als Statisten. In „Casablanca" traf der US-Bürger Rick (Humphrey Bogart) und Besitzer des „Café American" die Schwedin Ilsa (Ingrid Bergman) wieder, in die er in Paris unsterblich verliebt gewesen war. Doch Ilsa war inzwischen verheiratet. Ihr Ehemann war der politisch verfolgte Widerstandsheld Laszlo (Paul Henreid), den

die deutsche „Geheime Staatspolizei" („Gestapo") nicht
aus Casablanca in Marokko ausreisen lassen wollte.
Unerwarteterweise verwandelte sich der zynische Rick
in einen selbstlosen Retter. Er schoss einen „Gestapo"-
Mann über den Haufen und ermöglichte Laszlo die
gemeinsame Flucht mit Ilsa.
Kurioserweise hatten Ingrid Bergman und Humphrey
Bogart während der Dreharbeiten für „Casablanca" das
Gefühl, diese Geschichte sei lächerlich und unglaubhaft.
Bei Großaufnahmen von ihr kam es Ingrid so vor, als
sei ihr Gesicht oft „absolut leer".
Humphrey Bogarts trinkfreudige und streitlustige dritte
Ehefrau Mayo Methot (1904–1951) verdächtigte damals
ihren Mann, eine Affäre mit Ingrid Bergman zu haben.In
Wirklichkeit existierte die oft erwähnte knisternde
Spannung zwischen der Bergman und Bogart überhaupt
nicht, erklärte später Bogarts vierte Ehefrau Lauren
Bacall (geboren 1924). „Meine Mutter konnte Bogart
überhaupt nicht leiden", betonte die Bergman-Tochter
Pia Lindström.
Bei der Uraufführung von „Casablanca" im November
1942 sah der kritische Drehbuchautor Howard Koch
auf der Kinoleinwand „nichts als Fehler". Doch dem
Publikum gefiel dieser Streifen ungemein. Die „New
York Times" jubelte, „Casablanca sei ein Film, „bei dem
das Herz einen Luftsprung macht". Im Folgejahr erntete
„Casablanca" gleich drei „Oscars": für die beste Regie,
für das beste Drehbuch und als bester Film der Saison.

Ingrid Bergman und Humphrey Bogart galten nach dem Meisterwerk „Casablanca" als eines der besten Kino-Paare aller Zeiten. Manche Szenen daraus sind unvergessen. Zum Beispiel, wenn Bogart zur Bergman sagt: „Ich seh dir in die Augen, Kleines". Oder wenn die Bergman einen schwarzen Pianisten auffordert: „Spiel's noch mal, Sam, spiel es" und dieser dann beginnt „As time goes by ...". Für „Casablanca" erhielt die Bergman eine Gage von 25.000 US-Dollar.

Großen Anteil am Gelingen von „Casablanca" hatten auch die übrigen Mitwirkenden. Viele dieser Schauspieler waren Europäer, die als Gastarbeiter in Hollywood das Schicksal der Emigranten in „Casablanca" gut nachvollziehen konnten. Die Bergman sagte später, bei so vielen guten Schauspielern habe einfach ein guter Film herauskommen müssen.

Ingrid Bergman begeisterte das amerikanische Publikum vor allem durch ihre Natürlichkeit. Später stritt sie oft mit Produzenten oder Regisseuren, weil sie ohne Make-up spielen wollte. Wegen ihrer Größe von 1,75 Metern musste bei Szenen mit kleineren männlichen Filmpartnern häufig der Höhenunterschied kaschiert werden.

Der amerikanische Schriftsteller Ernest Hemingway (1899–1961) wählte Ingrid Bergman für die Hauptrolle in der Verfilmung seines Buches „For Whom the Bell Tolls" („Wem die Stunde schlägt", 1943) persönlich aus. Dieser Streifen handelte von dem amerikanischen

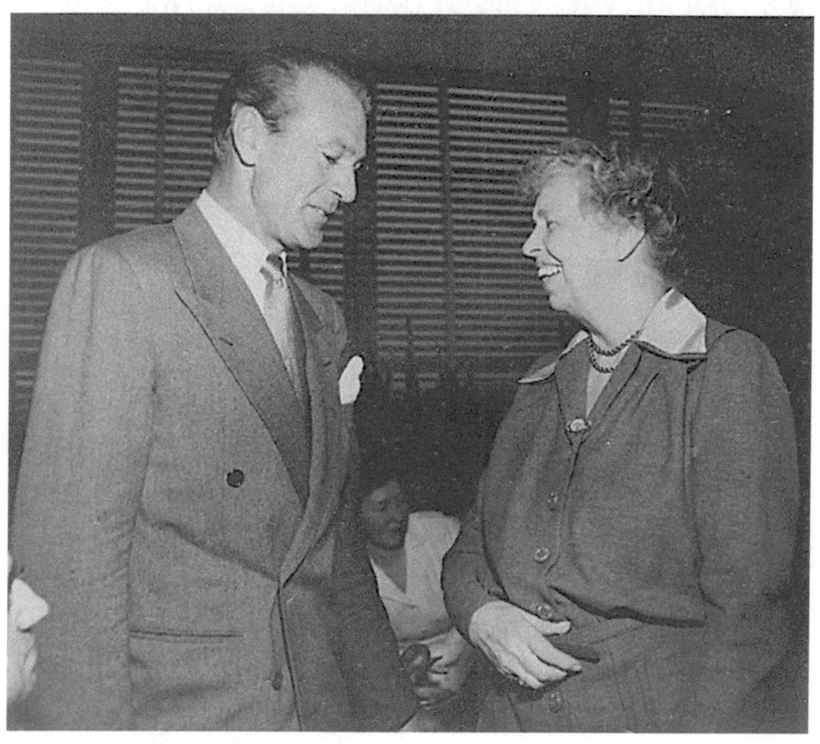

Gary Cooper (1901–1961, links)

Sprengstoff-Experten Robert Jordan, der im Spanischen Bürgerkrieg antifaschistische Freiheitskämpfer unterstützte. Jordan wurde von dem 1,87 Meter großen Gary Cooper (1901–1961) dargestellt, welcher der Bergman mehr als der 1,73 Meter große Humphrey Bogart lag. An der Seite von Jordan standen Partisanen wie die kämpferische Pilar (Katina Paxinou, 1900–1973), der unzuverlässige Pablo (Akim Tamiroff, 1899–1972) und die attraktive Maria (Ingrid Bergman). Bei wachsender Gefahr kamen sich Robert und Maria immer näher und es entwickelte sich eine der größten Liebesgeschichten auf der Kinoleinwand. Die Bergman war in der Folgezeit mit Hemingway persönlich sehr gut befreundet. Ingrid nannte ihn „Papa", Hemingway sie „Tochter". Für ihre Rolle als bedrohte Frau in dem Thriller „Gaslight" („Das Haus der Lady Alquist", 1944) erhielt Ingrid Bergman eine Gage von 75.000 US-Dollar und ihren ersten „Oscar" als beste Schauspielerin. Der Regisseur George Cukor (1895–1983) war vom Aussehen seiner weiblichen Hauptdarstellerin gar nicht begeistert. „Sie hat eine viel zu große Nase, schiefe Zähne und unmögliche Augenbrauen", mäkelte er. Die Bergman verkörperte in „Gaslight" die Nichte Paula Alquist Anton der ermordeten Sängerin Alice Alquist. Im Laufe der Handlung entpuppte sich Gregory Anton, der Ehemann der Nichte, als Bösewicht. Er wollte seine Gattin systematisch in den Wahnsinn treiben, um von seiner Suche nach den im Haus versteckten Juwelen

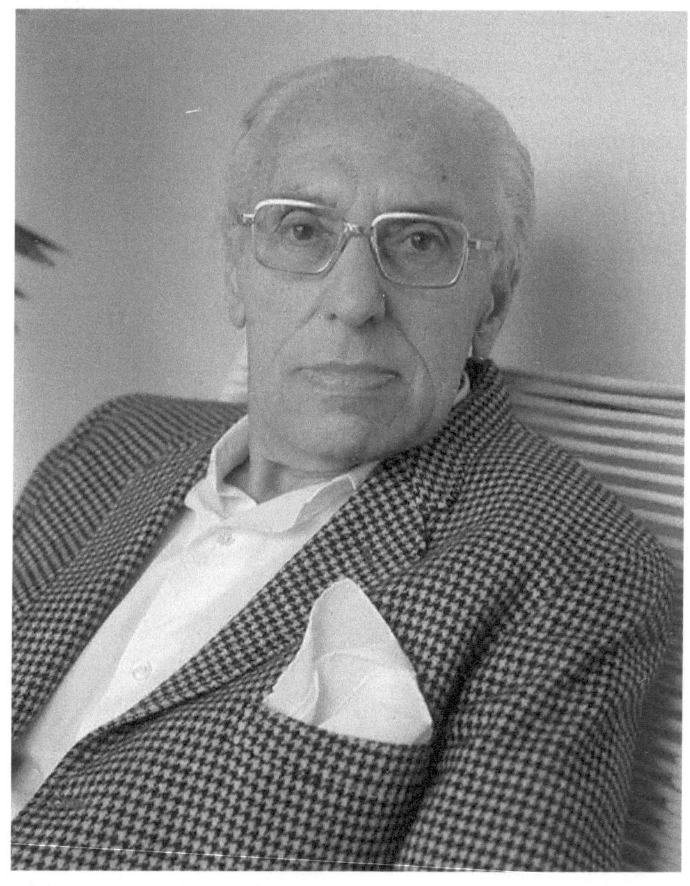

George Cukor (1895–1983)

abzulenken, die er Jahre zuvor bei seinem Mord an Alice Alquist nicht gefunden hatte. Weil Boyer etwas kleiner als die Bergman war, musste er sich auf eine Kiste stellen, um neben ihr etwas größer zu wirken. Während einer Szene trat die Bergman diese Kiste versehentlich zur Seite.

Mit dem britischen Regisseur Alfred Hitchcock (1899–1980) drehte Ingrid Bergman drei Filme: „Spellbond" („Ich kämpfe um dich", 1945), „Notorious" („Berüchtigt", 1946) und „Under Capricorn" („Sklavin des Herzens", 1949). „Notorious" gilt als der Beste davon.

Bei einer öffentlichen Abstimmung im Jahre 1947 wurde Ingrid Bergman in den USA als beste Schauspielerin von 1946 gewählt. Nach dem Urteil amerikanischer Kinobesitzer war sie damals der größte „Kassenschlager". Eine Jury von Filmkritikern bezeichnete Olivia de Havilland (geboren 1916) als Jahresbeste. Ingrid erreichte den dritten Platz.

Mit einer nach Maß gefertigten Rüstung aus Aluminium trat Ingrid Bergman in dem Historienfilm „Joan of Arc" („Johanna von Orleans", 1948) als Jeanne d'Arc (1412–1431) auf. Dabei stand der französische Pfarrer Paul Donceur dem Regisseur und der Bergman zur Seite, damit bei der Inszenierung mittelalterlicher Riten keine Fehler begangen wurden. Ingrid erklärte, sie werde es ihrer Tochter Pia nicht erlauben, diesen Film anzuschauen. Sie könne es Pia nicht zumuten, ihre Mutter auf dem Scheiterhaufen brennen zu sehen. Die Bergman

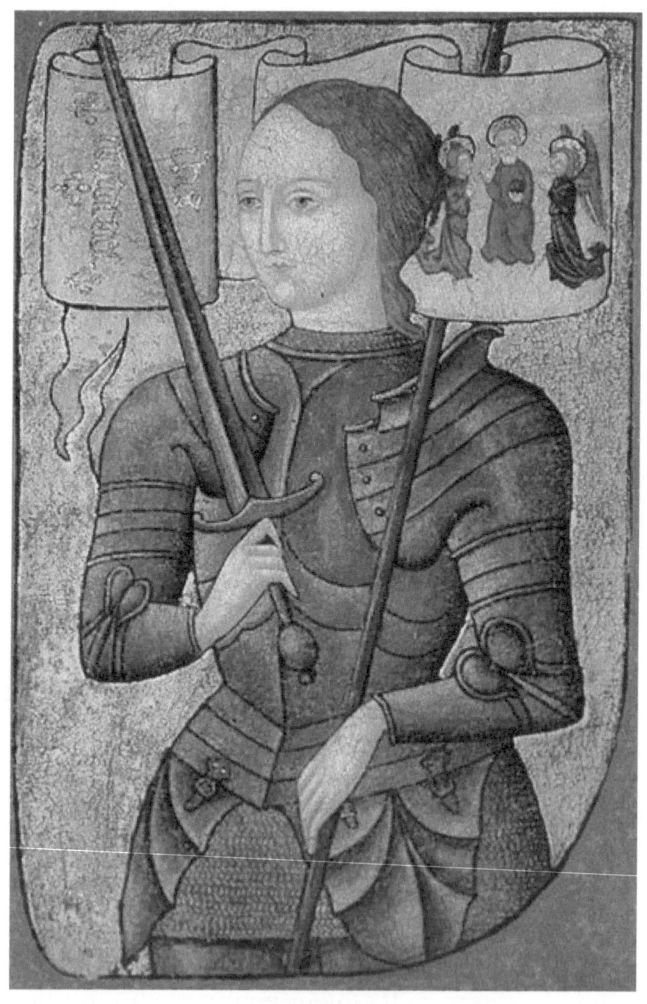

Jeanne d'Arc (1412–1431)

hatte die Rolle der Jean d'Arc bereits in einem Theater am Broadway in New York City gespielt und dafür den Donaldson-Preis erhalten, der für das Theater das ist, was ein „Oscar" für den Film darstellt. Nicht mitwirken durfte in dem Streifen über Jean d'Arc der französische Schauspieler Charles Boyer (1899-1978), der gern eine Rolle übernommen hätte. Sein französischer Akzent hätte gestört, hieß es. Außer der Schwedin Ingrid Bergman spielten nur englische und amerikanische Schauspieler mit. Der gallische Tonfall von Boyer würde wie Knoblauch in einer französischen Pastete wirken, sagte man. Für den Film „Joan of Arc" erhielt die Bergman eine Gage von 245.000 US-Dollar.

Im August 1948 hielt sich Ingrid Bergman wegen der Dreharbeiten für „Joan of Arc" in London auf. Damals trug sie kurzgeschnittene Haare und bewog durch ihre Frisur im „New Look" viele Engländerinnen mit langen Locken, ihr nachzueifern. Wegen ihr verlangten Kundinnen bei englischen Friseuren immer öfter einen „Ingrid-Bergman-Schnitt" mit kurzen Haaren. Um den Film „Joan of Arc" zu promoten, stellte ihr Studio auf dem „Times Square" in New York City eine acht Stockwerk hohe Figur in weißer Plastik-Rüstung zum Preis von 75.000 US-Dollar auf.

Weil sie von den Filmen des italienischen Regisseurs Roberto Rossellini (1906–1977) begeistert war, schrieb Ingrid Bergman ihm einen Brief. Darin teilte sie mit, sie habe seine Werke „Rom – offene Stadt" (1945) und

„Paisà" (1946) gesehen und sich sehr daran erfreut. Wenn er eine schwedische Schauspielerin brauche, die sehr gut Englisch spreche und ihr Deutsch nicht vergessen habe, deren Französisch nicht sonderlich verständlich sei und im Italienischen nur „ti amo" kenne, sei sie bereit, zu kommen und mit ihm einen Film zu drehen.

1949 drehte Ingrid Bergman mit Roberto Rossellini den Film „Stromboli" (1950). Dieser Streifen erzählt die Geschichte einer Frau, die um dem Internierungslager zu entkommen, einen Fischer auf einer abgelegenen Vulkaninsel heiratet. Dort verzweifelt sie an der Intoleranz, Borniertheit und Gewalttätigkeit der Inselbewohner. Bei den Dreharbeiten verliebte sich die kühle Schwedin Ingrid Bergman in den heißblütigen Italiener Roberto Rossellini. Sie wurde schwanger und verließ ihren ersten Ehemann Petter Aron Lindström und ihre Tochter Pia, um mit Rossellini zusammenleben zu können. Dies löste in den USA einen Skandal aus und sie verlor die Gunst des amerikanischen Publikums.

Die Scheidung der ersten Ehe erfolgte am 1. März 1950. Nachdem Ingrid Bergman Hollywood verlassen hatte, gab sie einer schwedischen Zeitschrift ein Interview. Darin erklärte sie, ihr Leben verlaufe jetzt völlig harmonisch. Sie habe nicht die Absicht, jemals wieder zu filmen. Überhaupt habe sie alle künstlerischen Ambitionen aufgegeben. Doch das war nicht ihr letztes Wort in dieser Angelegenheit.

Am 24. März 1950 schloss Ingrid Bergman mit Roberto Rossellini, der wegen ihr seine Lebensgefährtin Anna Magnani (1908–1973) verließ, ihre zweite Ehe. Aus der Verbindung gingen am 2. Juli 1950 der Sohn Roberto Ingmar sowie am 18. Juni 1952 die Zwillinge Isabella Fiorella Elettra Giovanni und Isotta Ingrid Frieda Giuliana hervor.

Petter Aron Lindström und Ingrid Bergman stritten lange Zeit um Geld und die Tochter Pia, die schließlich bei ihrem Vater bleiben durfte. Die Tochter, deren Vorname in der Deutung der Eltern „Petter & Ingrid always" hieß, nannte sich fortan Jenny Ann, um nicht mehr an die gescheiterte Ehe ihrer Eltern erinnert zu werden.

Ingrid Bergman lebte sieben Jahre in Italien und spielte in fünf von Roberto Rossellini inszenierten Filmen die Hauptrolle. Der erste dieser Streifen hieß „Stromboli" und kam 1950 in die Kinos. Die restlichen Filme mit Rossellini waren: „Europa 51" (1952), „Viaggio in Italia" („Reise in Italien", 1953), „Siamo Donne" („Wir Frauen", 1953) und „La Paura" („Angst", 1954).

Für ihre Rolle als Zarentochter in „Anastasia" (1956) nahm die Bergman ihren zweiten „Oscar" als beste Schauspielerin entgegen. Bei den Dreharbeiten hatte sie vorgeschlagen, man solle ihren kleineren Filmpartner Yul Brunner (1920–1985) auf eine Unterlage stellen. Doch dieser weigerte sich, auf einer Kiste stehend zu spielen. Er wolle der Welt zeigen, was für ein „großes Pferd" Ingrid sei.

Bald bröckelte hinter der Fassade das Glück des Ehepaares. Ingrid Bergman litt unter der Großfamilie der Rossellinis, rauchte und trank immer mehr. Roberto Rossellini hatte finanzielle Probleme, ohrfeigte Ingrid öffentlich, ging ins Bordell und beneidete sie um ihre künstlerischen Erfolge.

1957 drehte Roberto Rossellini in Indien den Spielfilm „Indien, Mutter Erde" (1959). Als Darsteller wurden an den jeweiligen Drehorten indische Amateure ausgewählt. Bei den Dreharbeiten gab es einen Skandal, weil Rossellini mit der 24 Jahre jüngeren und verheirateten Ko-Autorin des Films, Sonali Dasgupta, eine Affäre hatte. Deshalb war er gezwungen, das Land noch vor Ende der Filmaufnahmen zu verlassen.

1957 kehrte Ingrid Bergman nach Hollywood zurück. Am 7. November 1957 wurde die Ehe mit Roberto Rossellini geschieden. Dessen indische Geliebte Sonali Dasgupta brachte 1958 eine Tochter namens Raffaela zur Welt. Rossellini adoptierte den Sohn Arjun (1956–2008) seiner neuen Lebensgefährtin, der fortan Gil Rossellini hieß und sich später als Dokumentarfilm-Regisseur einen Namen machte.

Am 21. Dezember 1958 heiratete Ingrid Bergman in Caxton Hall nahe „Westminster Abbey" in London den schwedischen Filmproduzenten Lars Schmidt (1917–2009). Ihr dritter Ehemann stammte aus einer wohlhabenden Familie, die eine Schifffahrtslinie betrieb.

Als britische Missionarin Gladys Aylward (1902–1970) sah man Ingrid Bergman in dem Film „The Inn of the Sixt Happiness" („Die Herberge zur 6. Glückseligkeit", 1958). Aylward arbeitete ab ihrem 14. Lebensjahr als Hausmädchen, bis sie 1920 durch eine Predigt bewogen wurde, ihr Leben der Missionierung und der Verbreitung der christlichen Lehre zu widmen. Sie bewarb sich zunächst erfolglos als Missionarin bei der China-Inland-Mission. Durch fleißiges Sparen hatte sie zwei Jahre später das Geld für eine Reise nach Yangcheng in China zusammen. Ihre Anreise wurde durch den Krieg zwischen Chinesen und Japanern in der Mandschurei erschwert. In Nordchina wurde Aylward von der Missionarin Mrs. Lawson aufgenommen. Die beiden Frauen betrieben eine Herberge für Durchreisende, denen sie am Abend die christliche Botschaft der Bibel nahebrachten. Nach dem Tod von Mrs. Lawson nahm Aylward vom Mandarin von Yangchen die Stelle einer „Fußprüferin" an, die das Verbot der traditionellen Fuß-Verschnürungen kontrollierte. In dieser Funktion konnte sie im Land herumreisen und die christliche Lehre verbreiten. Während des chinesisch-japanischen Krieges nahm Aylward viele Waisenkinder bei sich auf. 1940 floh sie mit nahezu 100 Kindern über die Berge nach Xi'an. Bei dieser strapaziösen Reise erkrankte sie an Typhus. Als sich ihr Gesundheitszustand immer mehr verschlechterte, kehrte sie 1947 nach England zurück. 1957 reiste sie erneut nach China (Taiwan), gründete ein Waisenhaus und blieb dort als Missionarin bis zu ihrem Lebensende.

Merkwürdiges berichtete am 16. September 1959 das Hamburger Nachrichten-Magazin „Der Spiegel" in einer kurzgefassten Personalie. Unter der Überschrift „Familiäres" erfuhr man, Roberto Rossellini (53) habe seinen Sohn Roberto aus der Ehe mit Ingrid Bergman in einem römischen Kinderheim mit der Angabe registrieren lassen: „Mutter – unbekannt". Andererseits hieß es am 18. November 1959 im „Spiegel", Roberto Rossellini werde in Hollywood auf Einladung seiner geschiedenen Frau Ingrid Bergman gemeinsam mit ihr Gast im Haus des ersten Bergmann-Ehepartners Dr. Peter Lindström (52) sein. In den USA spielte Ingrid 1959 ihre erste Fernsehrolle, die ihr prompt einen Fernsehpreis bescherte.

Lars Schmidt, der dritte Ehemann von Ingrid Bergman, debütierte als Filmschauspieler in „Goodbye Again" („Lieben Sie Brahms?", 1961) auf der Kinoleinwand. Er spielte den Vater der von Ingrid verkörperten Braut, die Yves Montand (1921–1991) heiratete. Während der Dreharbeiten für „Goodby Again" wurde Anthony Perkins (1932–1992), der damals große Angst vor Mädchen hatte, von Freunden informiert, die Bergman fühle sich zu ihm hingezogen. Deswegen bestand Anthony, der bis 1972 homosexuell war, darauf, nicht mehr mit Ingrid allein zu sein, wenn sie Liebesszenen probten.

Für ihre Rolle in dem Film „Cactus Flower" („Die Kaktusblüte", 1969) unter der Regie von Gene Saks strich Ingrid Bergman eine Gage von 800.000 US-Dollar ein. Das ist die höchste Gage der Bergman, die einer Aufstellung über ihr Salär in der Filmdatenbank „Internet Movie Database" („IMDb") erwähnt ist.

1973 fungierte Ingrid Bergman als Präsidentin der Jury bei den Filmfestspielen in Cannes. Jeden Abend, wenn sie zu Filmvorführungen kam, spendete man ihr stehend Applaus und Ovationen.

Eine Gage von 100.000 US-Dollar und ihren dritten „Oscar" verdiente Ingrid Bergman für die beste weibliche Nebenrolle in dem Kriminalfilm „Murder on the Orient Express" („Mord im Orientexpress", 1974) unter der Regie von Sidney Lumet (1924–2011). Darin spielte sie das Kindermädchen eines entführten und ermordeten Mädchens. Die Bergman war damals die dritte Person mit drei „Oscars".

1974 erfuhr Ingrid Bergman, dass sie an Brustkrebs litt. Diese Krankheit konnte zunächst erfolgreich behandelt werden. Sie unterzog sich einer Entfernung der Brust (Mastektomie).

Im Musikfilm „A Matter of Time" („Nina – Nur eine Frage der Zeit", 1976) unter der Regie von Vincente Minelli (1903–1986) mimte Ingrid Bergman eine Gräfin namens Sanziani. Wenn diese ihrem Zimmermädchen Nina, gespielt von Liza Minelli, aus ihrem Leben erzählte, war diese immer ganz Ohr. Die Gräfin pro-

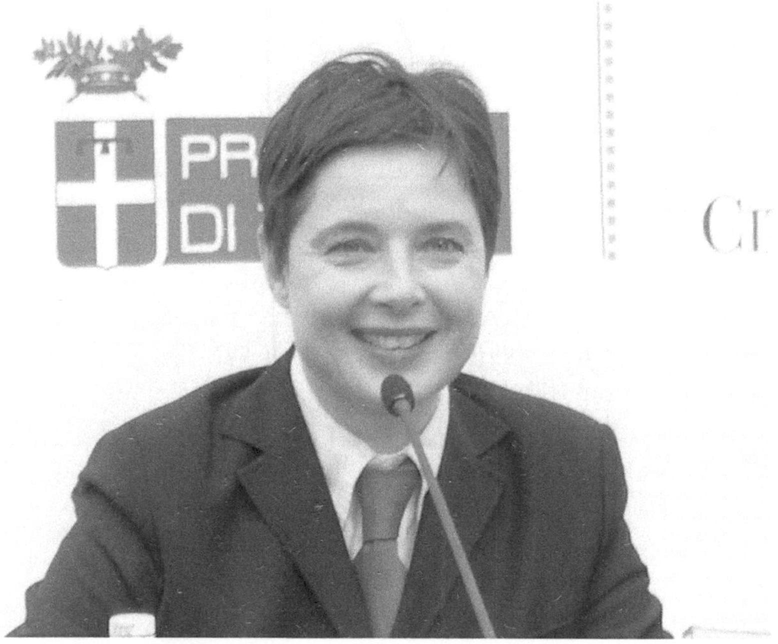

Isabella Rossellini,
Tochter von Roberto Rossellini
und Ingrid Bergman

phezeite, bald werde Nina ihre erhoffte Gesangskarriere starten und behielt damit recht. In diesem Film traten Ingrid Bergman und ihre Tochter Isabella zusammen auf. Isabella feierte damals ihr Debüt auf der Kinoleinwand und drehte danach mehr als 30 Filme. „A Matter of Time" war das letzte Werk von Vincente Minelli, des Vaters von Liza Minelli, der 1986 nach langem Leiden an der Alzheimerschen Krankheit starb.

Im Herbst 1977 spielte Ingrid Bergman in „Höstsonaten" („Herbstsonate", 1978) unter der Regie ihres Namensvetters Ingmar Bergman ihre letzte Rolle in einem Kinofilm. Darin ging es um die Hassliebe zwischen einer von Ingrid Bergman dargestellten Mutter und einer von Liv Ullmann verkörperten Tochter. Die Mutter war eine erfolgreiche Pianistin, deren Freund gestorben ist. Wegen dieses Trauerfalls lud die Tochter, eine Pfarrersgattin, die Mutter ins stille Pfarrhaus ein, damit sie sich nicht einsam fühlen sollte. Dort lieferten sich die beiden Frauen ein Psycho-Duell. Obwohl von einer schweren Krankheit gezeichnet, trat die 60-jährige Bergman bei den Dreharbeiten energisch auf. Liv Ullmann sah in ihr „einen Mythos, weil sie es wagte zu leben, weil sie tat, was nur wenige Frauen vor ihr wagten". Für ihre Rolle in „Herbstsonate" erhielt Ingrid Bergman 1979 den Preis des Verbandes der New Yorker Filmkritiker als beste Schauspielerin des Jahres.

Die dritte Ehe von Ingrid Bergman mit Lars Schmidt hielt ungefähr so lang wie ihre erste und zweite Ehe

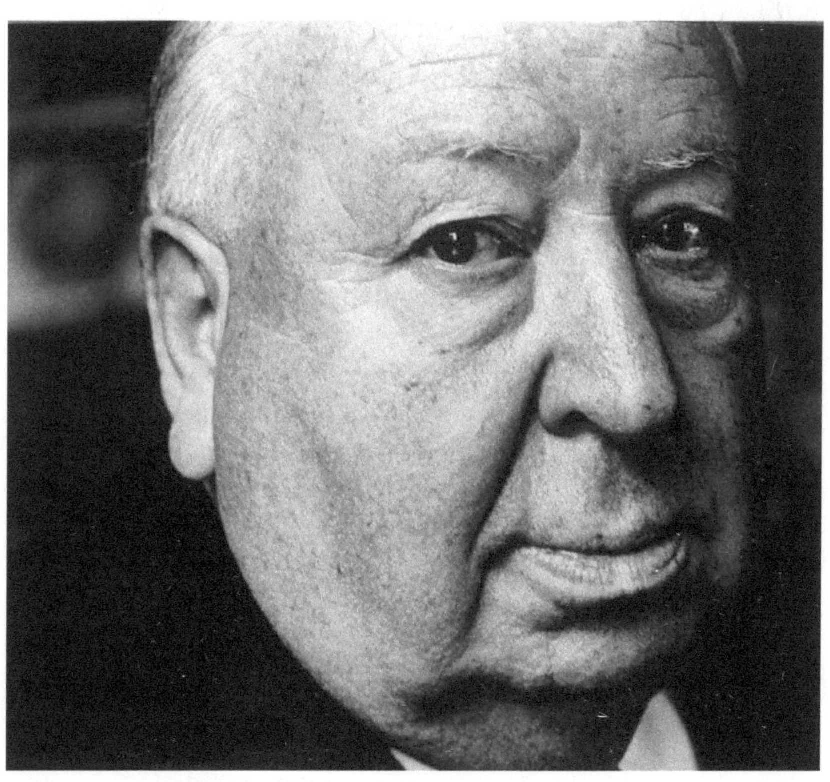

Alfred Hitchcock (1899–1980)

zusammen, aber auch nicht ewig. Nach nahezu 20 Jahren erfolgte am 1. Februar 1978 die Scheidung.

Im November 1979 war Ingrid Bergman als Ehrengast einer Wohltätigkeitsveranstaltung für behinderte Kinder in den USA eingeladen. Ihr Empfang in Hollywood fand im Studio von „Warner Brothers" statt, wo der Kultfilm „Casablanca" gedreht worden war.

1979 ließ sich Alfred Hitchcock – ein Jahr vor seinem Tod am 29. April 1980 – in seinem Vorführraum in Hollywood den Film „Herbstsonate" vorführen, in dem Ingrid Bergman eine der Hauptrollen spielte. Als er die 63-jährige Ingrid auf der Kinoleinwand sah, grummelte der fast 80-jährige, dickleibige Hitchcock: „Sie sieht alt aus. Die haben sie mies aufgenommen." Er wollte nicht wahrhaben, dass die Bergman seit ihrem letzten gemeinsamen Film „Notorious" über 30 Jahre älter geworden und nicht mehr betörend schön war. Mehrfach brüstete sich Hitchcock, die Bergman habe ihn 30 Jahre lang geliebt und sei ihr Leben lang nach ihm verrückt gewesen.

In Wirklichkeit hatte auch Alfred Hitchcock sich zuletzt sehr stark verändert. Der Katholik und Puritaner fühlte sich fast sein ganzes Leben lang über die Fleischeslust erhaben. Er konnte nicht verstehen, warum Leute soviel Zeit mit Sex vergeudeten. Doch im reiferen Alter war er plötzlich vernarrt in junge Frauen, zahlte ihnen Geld, verlangte werweißwas von ihnen und schweinigelte im Drehbuch.

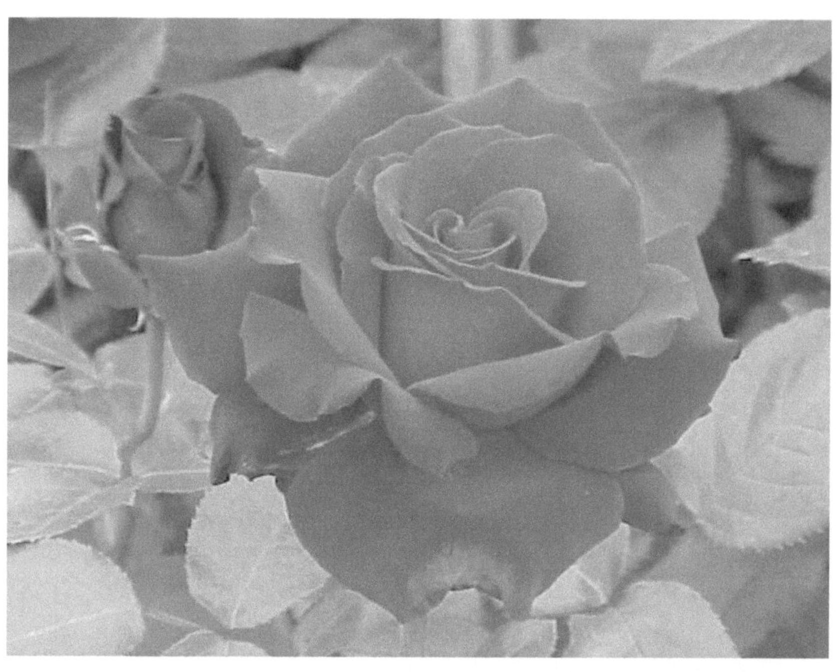

Rosensorte „Ingrid Bergman"

Anfang der 1980-er Jahre stellte man bei Ingrid Bergman erneut Brustkrebs fest. Ende 1981 übernahm sie – bereits vom Krebs gezeichnet – die Titelrolle in einem Fernsehfilm über die israelische Politikerin Golda Meir (1898–1978). Der Film hieß „A Women Called Golda" („Golda Meir", 1981). Für ihre überzeugend gespielte Rolle sprach man ihr posthum einen „Emmy" zu.
Ingrid Bergman starb am 29. August 1982 an ihrem 67. Geburtstag in London. Ihre Asche wurde am 5. Juni 1983 vor dem Städtchen Fjällbacka an der schwedischen Westküste nahe ihrer Lieblingsinsel Danholmen auf See verstreut. Am selben Tag hat man auf dem nach Ingrid Bergman benannten Marktplatz am Hafen von Fjällbacka eine von dem Bildhauer Gudmar Olofsson geschaffene Bergman-Büste aufgestellt. Der Blick der Büste ist auf die Insel Danholmen gerichtet. Die Büste ist umgeben von Rosen, die an jenem Tag den Namen „Ingrid Bergman" erhielten. Symbolisch beigesetzt wurde Ingrid Bergman auf dem Nordfriedhof („Norra begravningsplatsen") in Solna (Provinz Stockholms län). Auf dem „Hollywood Walk of Fame" erinnert ein Stern an Ingrid Bergman. 1999 rangierte sie in einer Liste der 50 Hollywood-Superstars bei den Filmschauspielerinnen hinter Katharine Hepburn, Bette Davis und Audrey Hepburn auf dem vierten Rang. Nach ihr folgten Greta Garbo, Marilyn Monroe, Elizabeth Taylor, Judy Garland, Marlene Dietrich und Joan Crawford.

Im Herbst 2006 suchte die schwedische Kleinstadt Stöde eine Doppelgängerin der verstorbenen Ingrid Bergman. Diese sollte im Sommer 2007 zum 70. Jahrestag der Eheschließung von Ingrid Bergman mit Petter Aron Lindström echt heiraten. Der Folkloreverein von Stöde wollte für das Brautkleid und das Hochzeitsbankett aufkommen. Die Speisen wollte man auf dem Original-Porzellan von 1937 servieren. Der Bräutigam müsse kein Doppelgänger von Lindström sein, hieß es. Pia Lindström, die Tochter von Petter Aron Lindström und Ingrid Bergman, hatte für die Jubiläumshochzeit ihr Erscheinen zugesagt.

Die Bergman-Tochter Pia arbeitete als TV-Journalistin sowie als Schauspielerin im Film und im Fernsehen. Sie war Reporterin und Anchorwoman des US-Nachrichtenkanals „NBC Channel 4 News" sowie Theater- und Kunstkritikerin für diesen Sender. Für ihre Arbeit erhielt sie zwei „Emmys" und den „Associated Press Broadcasters Award". Wiederholt wirkte sie in Kino- und Fernsehfilmen mit. Aus ihrer ersten Ehe mit Joseph Daly stammen ihre mittlerweilen erwachsenen Söhne. 2001 heiratete sie den Staatsanwalt John H. Carley.

Der Bergman-Sohn Roberto Ingmar Rossellini junior wurde Architekt und arbeitete in Monte Carlo (Monaco) als Immobilienmakler. Um 1983 sah man ihn öfter an der Seite der 1980 von Philippe Junot geschiedenen Princessin Caroline von Monaco (heute Caroline von

Hannover) in Monaco und Paris. Die Presse spekulierte viel über den Charakter dieser Verbindung. Roberto und Caroline waren bereits seit ihrer Jugendzeit befreundet. Bekannte meinten, der junge Mann sei eher zum Händchenhalten der unruhigen Prinzessin geeignet als zu deren Liebhaber. Es hieß auch, Roberto habe – finanziell gesehen – nicht dieselbe Klasse wie Caroline. In Anwesenheit von Roberto, Caroline von Monaco und der Bergman-Tochter Isabella Rossellini wurde 1983 in Fjällbacka (Schweden) eine Ingrid-Bergman-Büste enthüllt. Caroline von Monaco heiratete am 29. Dezember 1983 den italienischen Unternehmersohn Stefano Casiraghi (1960–1990), der bei einem Bootsunfall sein Leben verlor.

Die Bergman-Tochter Isabella Rossellini betätigte sich als Model, Schauspielerin und Journalistin. Nach der Scheidung ihrer Eltern wuchs sie bei einem Kindermädchen in einer Wohnung gegenüber dem Appartement ihres Vaters in Rom auf. Isabella litt an Rückgratverkrümmng (Skoliose) und musste sich schmerzhaften Behandlungen unterziehen. Zwischen 1982 und 1993 arbeitete sie als Model für die französische Kosmetikfirma „Lancome", mit der sie 1994 Auseinandersetzungen hatte. Danach produzierte sie eine eigene Kosmetikserie. Ab 1976 wurde sie als Filmschaupielerin aktiv. Die Liste ihrer Filme im Online-Lexikon „Wikipedia" umfasst von 1976 bis 2011 insgesamt 37 Titel. Von 1970 bis 1983 war sie mit dem Regisseur Martin

Scorcese verheiratet, später mit dem Model Jonathan Wiedemann. 2005 drehte sie gemeinsam mit dem Experimentalfilmer Guy Maddin als Hommage an ihren Vater Roberto Rosselini den Kurzfilm „May Dad is 100 Years Old".

Die Bergman-Tochter Isotta wurde eine renommierte italienische Literaturwissenschaftlerin. Sie machte an der „Columbia University" ihre Abschlüsse als BS, MA und Ph. D. in italienischer Literatur. Ihre Dissertation über das Werk „Canzoniere" von Francesco Petrarca (1304–1374) wurde 1995 veröffentlicht. Isotta lehrte an der „State University of New York at Stony Brook" und ist außerplanmäßige Professorin der „New York University". Zwischen 1979 und 1982 war sie mit Alberto Acciarito verheiratet. Seit 1990 ist Richard Aborn ihr Ehemann. Isotta hat zwei Kinder namens Francesca Aborn und Tommaso Rossellini.

Filme von Ingrid Bergman
(Auswahl)

1935: Munkbrogreven – Regie: Edvin Adolphson
1935: Bränningar – Regie: Ivar Johansson
1935: Swedenhielms – Regie: Gustaf Molander
1936: Intermezzo – Regie: Gustaf Molander
1936: Walpurgisnacht (Valborgsmässoafton) – Regie:
Gustav Edgren
1938: På solsidan – Regie: Gustaf Molander
1938: Dollar – Regie: Gustaf Molander
1938: Die vier Gesellen – Regie: Carl Froelich
1939: Intermezzo (Intermezzo, a Love Story) – Regie:
Gregory Ratoff
1940: Juninatten – Regie: Per Lindberg*
1941: Gefährliche Liebe (Rage in Heaven) – Regie: W.
S. Van Dyke
1941: Adam hatte vier Söhne (Adam Had Four Sons)
– Regie: Gregory Ratoff
1941: Arzt und Dämon (Dr. Jekyll and Mr. Hyde) –
Regie: Victor Fleming
1942: Casablanca – Regie: Michael Curtiz
1943: Wem die Stunde schlägt (For Whom the Bell
Tolls) – Regie: Sam Wood
1944: Das Haus der Lady Alquist (Gaslight) – Regie:
George Cukor

1945: Die Glocken von St. Marien (The Bells of St. Mary's) – Regie: Leo McCarey
1945: Ich kämpfe um dich (Spellbound) – Regie: Alfred Hitchcock
1945: Spiel mit dem Schicksal (Saratoga Trunk) – Regie: Sam Wood
1946: Berüchtigt (Notorious) – Regie: Alfred Hitchcock
1948: Triumphbogen (Arch of Triumph) – Regie: Lewis Milestone
1948: Johanna von Orleans (Joan of Arc) – Regie: Victor Fleming
1949: Sklavin des Herzens (Under Capricorn) – Regie: Alfred Hitchcock
1950: Stromboli – Regie: Roberto Rossellini
1952: Europa 51 – Regie: Roberto Rossellini
1953: Reise in Italien (Viaggio in Italia) – Regie: Roberto Rossellini
1953: Wir Frauen (Siamo Donne) – Regie: Roberto Rossellini
1954: Angst (La Paura) – Regie: Roberto Rossellini
1956: Weiße Margeriten (Elena et les Hommes) – Regie: Jean Renoir
1956: Anastasia – Regie: Anatole Litvak
1958: Indiskret (Indiscreet) – Regie: Stanley Donen
1958: Die Herberge zur 6. Glückseligkeit (The Inn of the Sixth Happiness) – Regie: Mark Robson
1961: Lieben Sie Brahms? (Goodbye Again) – Regie: Anatole Litvak

1963: Hedda Gabler (TV) – Regie: Alex Segal
1964: Der Besuch (The Visit) – Regie: Bernhard Wicki
1964: Der gelbe Rolls-Royce (The Yellow Rolls-Royce) – Regie: Anthony Asquith
1967: Stimulantia – Regie: Hans Abramson, Hans Alfredson
1969: Die Kaktusblüte (Cactus Flower) – Regie: Gene Saks
1969: Die Frau des anderen (Walk in the Spring Rain) – Regie: Guy Green
1973: Der geheimnisvolle Engel (The Hideaways) – Regie: Fielder Cook
1974: Mord im Orient-Expreß (Murder on the Orient Express) – Regie: Sidney Lumet
1976: Nina – Nur eine Frage der Zeit (A Matter of Time) – Regie: Vincente Minnelli
1978: Herbstsonate (Höstsonaten) – Regie: Ingmar Bergman
1981: Golda Meir (A Woman Called Golda) (TV) – Regie: Alan Gibson

Zitate von Ingrid Bergman

Der Kuss ist ein liebenswerter Trick der Natur,
ein Gespräch zu unterbrechen.

Glück bedeutet,
eine gute Gesundheit
und ein schlechtes Gewissen.

Glück ist immer das, was man dafür hält.

Ich bereue nichts.
Ich würde mein Leben niemals so gelebt haben,
wenn ich darüber nachgedacht hätte,
was die Leute über mich sagen.

Man hat im Leben die Wahl,
entweder mit der Masse mitzulaufen
oder vor ihr davonzulaufen.

Warten ist eine große Kunst,
nichts erwarten eine noch größere.

Literatur

BERGMAN, Ingrid: Mein Leben, Berlin 1999
BROWN, Curtis F.: Ingrid Bergman. Ihre Filme – ihr Leben, München 1990
FEMBIO Frauen-Biographie-Forschung
http://www.fembio.org
INTERNET MOVIE DATABASE
(Film-Datenbank)
http://www.imdb.com
MÖHRMANN, Renate: Ingrid Bergman und Roberto Rosselini: Eine Liebes- und Beutegeschichte, Berlin 1999
PROBST, Ernst: Superfrauen 7 – Film und Theater, Mainz-Kostheim 2001
PROBST, Ernst: Königinnen des Films, München 2012
PUBLIKUMSLIEBLINGE NICHT NUR VON GESTERN http://www.steffi-line.de
Internetseite von Stephanie D'heil, Düsseldorf
SPOTO. Donald: Ingrid Bergman: Ich bin immer ich selbst gewesen, München 2001
WIKIPEDIA (Online-Lexikon)
http://wikipedia.org
WINNERT, Derek (Herausgeber): Ingrid Bergman. Aus: Kino. Die große Welt der Filme und Stars, S. 63–64, Niedernhausen 1995

Bildquellen

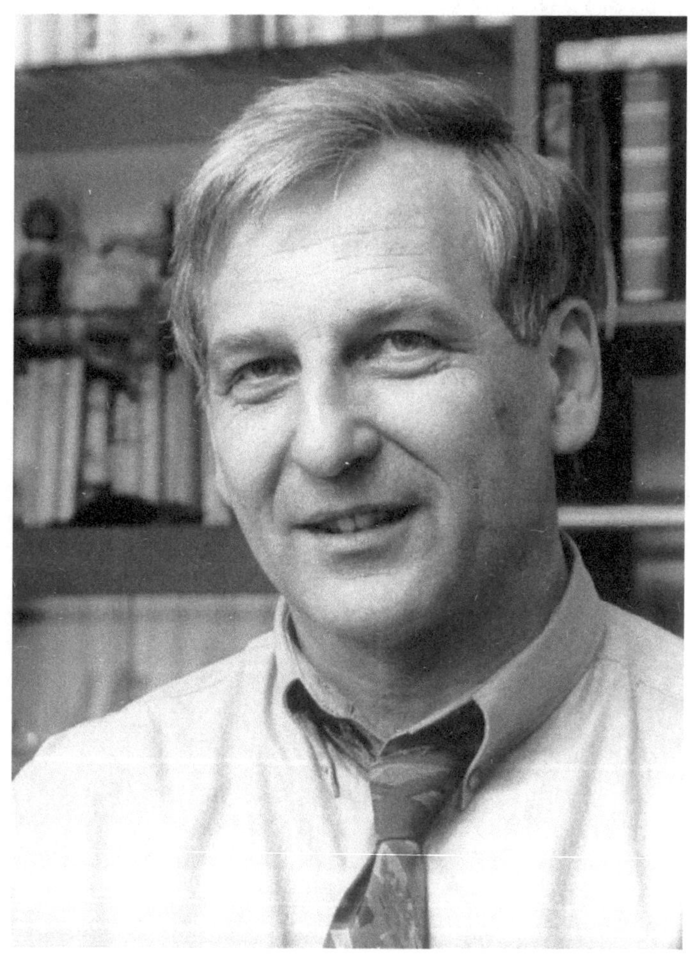

Autor Ernst Probst

Der Autor Ernst Probst

Ernst Probst, geboren am 20. Januar 1946 in Neunburg vorm Wald im bayerischen Regierungsbezirk Oberpfalz, ist Journalist und Wissenschaftsautor. Er arbeitete von 1968 bis 1971 als Redakteur bei den „Nürnberger Nachrichten", von 1971 bis 1973 in der Zentralredaktion des „Ring Nordbayerischer Tageszeitungen" in Bayreuth und von 1973 bis 2001 bei der „Allgemeinen Zeitung", Mainz. In seiner Freizeit schrieb er Artikel für die „Frankfurter Allgemeine Zeitung", „Süddeutsche Zeitung", „Die Welt", „Frankfurter Rundschau", „Neue Zürcher Zeitung", „Tages-Anzeiger", Zürich, „Salzburger Nachrichten", „Die Zeit", „Rheinischer Merkur", „Deutsches Allgemeines Sonntagsblatt", „bild der wissenschaft", „kosmos", „Deutsche Presse-Agentur" (dpa), „Associated Press" (AP) und den „Deutschen Forschungsdienst" (df). Aus seiner Feder stammen die Bücher „Deutschland in der Urzeit" (1986), „Deutschland in der Steinzeit" (1991) und „Deutschland in der Bronzezeit" (1996). Von 2001 bis 2006 betätigte sich Ernst Probst als Buchverleger sowie zeitweise als internationaler Fossilienhändler und Antiquitätenhändler. Insgesamt veröffentlichte er rund 200 Bücher, Taschenbücher, Broschüren und E-Books.

Bücher von Ernst Probst

(Auswahl)

Als Mainz noch nicht am Rhein lag

Annie Oakley
Die Meisterschützin des Wilden Westens

Archaeopteryx. Der Urvogel
aus Bayern

Christl-Marie Schultes. Die erste Fliegerin in Bayern
(zusammen mit Theo Lederer)

Cortés und Malinche. Der spanische Eroberer
und seine indianische Geliebte

Der Europäische Jaguar

Der Mosbacher Löwe
Die riesige Raubkatze aus Wiesbaden

Der Rhein-Elefant
Das Schreckenstier von Eppelsheim

Der Sögel-Wohlde-Kreis

Die nordische Bronzezeit in Deutschland

Die Hügelgräber-Kultur in Deutschland

Die ältere Bronzezeit in Nordrhein-Westfalen

Die Bronzezeit in der Lüneburger Heide

Die Stader Gruppe in der Bronzezeit

Die Oldenburg-emsländische Gruppe

Die Urnenfelder-Kultur in Deutschland

Die ältere Niederrheinische Grabhügel-Kultur

Die Unstrut-Gruppe

Die Helmsdorfer Gruppe

Die Saalemündungs-Gruppe

Die Lausitzer Kultur in Deutschland

Die Dolchzahnkatze Megantereon

Die Dolchzahnkatze Smilodon

Die Säbelzahnkatze Homotherium

Die Säbelzahnkatze Machairodus

Die Schweiz in der Frühbronzezeit

Die Rhône-Kultur in der Westschweiz

Die Arbon-Kultur in der Schweiz

Die Schweiz in der Mittelbronzezeit

Die Schweiz in der Spätbronzezeit

Dinosaurier von A bis K. Von Abelisaurus
bis zu Kritosaurus

Dinosaurier von L bis Z. Von Labocania
bis zu Zupaysaurus

Eiszeitliche Geparde in Deutschland

Eiszeitliche Leoparden in Deutschland

Frauen im Weltall

Hildegard von Bingen. Die deutsche Prophetin

Höhlenlöwen. Raubkatzen
im Eiszeitalter

Julchen Blasius
Die Räuberbraut des Schinderhannes

Katharina II. die Große.
Die Deutsche auf dem Zarenthron

Johann Jakob Kaup
Der große Naturforscher aus Darmstadt

Königinnen der Lüfte in Deutschland

Königinnen der Lüfte in Europa

Königinnen der Lüfte in Amerika

Königinnen der Lüfte von A bis Z

Rund 70 Kurzbiografien berühmter Fliegerinnen,
Ballonfahrerinnen, Luftschifferinnen,
Fallschirmspringerinnen, Astronautinnen und
Kosmonautinnen

Königinnen des Films

Königinnen des Tanzes

Königinnen des Theaters

Malende Superfrauen

Meine Worte sind wie die Sterne

Die Entstehung der Rede des Häuptlings Seattle
(zusammen mit Sonja Probst)

Monstern auf der Spur
Wie die Sagen über Drachen, Riesen
und Einhörner entstanden

Neues vom Ur-Rhein
Interview mit dem Geologen und Paläontologen
Dr. Jens Sommer

Österreich in der Frühbronzezeit

Österreich in der Mittelbronzezeit

Österreich in der Spätbronzezeit

Pompadour und Dubarry. Die Mätressen
von Louis XV.

Raub-Dinosaurier von A bis Z.
Mit Zeichnungen von Dmitry Bogdanav
und Nobu Tamura

Rekorde der Urmenschen
Erfindungen, Kunst und Religion

Rekorde der Urzeit
Landschaften, Pflanzen und Tiere

Säbelzahnkatzen. Von Machairodus
bis zu Smilodon

Säbelzahntiger am Ur-Rhein. Machairodus
und Paramachairodus

Superfrauen aus dem Wilden Westen

Tony und Bruno Werntgen. Zwei Leben für die Luftfahrt
(zusammen mit Paul Wirtz)

Was ist ein Menhir?
Interview mit dem Mainzer Archäologen
Dr. Detert Zylmann

Weisheiten der Indianer

Wer ist der kleinste Dinosaurier?
Interviews mit dem Wissenschaftsautor Ernst Probst

Wer war der Stammvater der Insekten?
Interview mit dem Stuttgarter Biologen
und Paläontologen Dr. Günther Bechly

Zenobia von Palmyra.
Eine Frau kämpft gegen die Römer

Bestellungen bei: http://www.grin.com